दिल की गहराइयों से

सरोज महोबे

Copyright © Saroj Mahobe
All Rights Reserved.

ISBN 979-888503896-6

This book has been published with all efforts taken to make the material error-free after the consent of the author. However, the author and the publisher do not assume and hereby disclaim any liability to any party for any loss, damage, or disruption caused by errors or omissions, whether such errors or omissions result from negligence, accident, or any other cause.

While every effort has been made to avoid any mistake or omission, this publication is being sold on the condition and understanding that neither the author nor the publishers or printers would be liable in any manner to any person by reason of any mistake or omission in this publication or for any action taken or omitted to be taken or advice rendered or accepted on the basis of this work. For any defect in printing or binding the publishers will be liable only to replace the defective copy by another copy of this work then available.

स्व. संजीव कुमार महोबे

(२५/०२/१९७० - २९-१०-२०२०)

को समर्पित

क्रम-सूची

पुस्तक और लेखक क्या कहते हैं। vii

पुत्र के कलम से ix

1. सपने 1
2. प्यार का एहसास 2
3. चाहत तुम्हारे लिए 3
4. न रुलाओ मुझे 4
5. तरसता मन 6
6. तुम मेरे हो 7
7. उनका दर्द 9
8. काफ़िला यादों का 10
9. बिसरी यादें 11
10. प्रेम, एक पूजा 12
11. यादों की लड़ियां 13
12. हादसे 14
13. नज़्म जहां की 15
14. तुम्हारे बिना 17
15. इंतज़ार 18
16. दिल में सिर्फ तुम हो 20
17. आंसू 21
18. दर्द का नशा 22
19. मेरी नज़र 23
20. मेरा लाल 25
21. स्त्री 27
22. मृत्यु की ओर 29

• v •

क्रम-सूची

23. तस्वीरें - यादों का समंदर	31
24. जीने की लालसा	33
25. मां	36
26. अनकहे शब्दों की पीड़ा	38
27. तुम्हारा चले जाना	39
28. तुम्हारे संग मीठी यादें	40
29. तुम मीरा मैं गिरधर प्यारा	41
30. बीत गया एक वर्ष	42

पुस्तक और लेखक क्या कहते हैं।

कहते हैं पन्नों पर उतारे गए शब्द, मन का आईना होते हैं। मन में उमड़ती-घुमड़ती, खट्टी-मीठी यादें, मीठे-कड़वे अनुभव, प्रेम और पीड़ा की आंख मिचौली, मिलन और विदाई की अश्रुधारा, स्नेह का बंधन, बिछड़ने की पीड़ा, अकेलेपन और खालीपन की अनकही वेदनाओं को जब शब्दों में पिरो दिया जाता है तब वह लेखक की अविरल बहती भावनाओं की माला बन जाती है। एक ऐसी माला जिसके मोतियों का न तो पहला मोती दिखता है और ना अंतिम। बस वह घूमती हुई घड़ी की सुई जैसी होती है जो केवल घूमती रहती है।

इस काव्य-संग्रह में भी लेखक ने ऐसा ही एक माला पिरोयी है, जिसका एक-एक मोती उसके जीवन के अनुभव, भावनाओं और संघर्षों से जुड़ा है। रिश्तों की डोर जब तक हाथ में रहती है तब एक प्रेमानुभव होता है और डोर के टूटते ही जो मन में पीड़ा और संघर्ष होता है, उसे शब्दों में पिरोने की कोशिश की गई है। इसमें रिश्तों की मिठास है, प्रेम का आभास है, जीवन उदास है, फिर भी जीने की आस है। रिश्तों को समर्पित यह काव्य-संग्रह आपको भी अपनी दुनिया में शामिल कर लेगा।

प्रेम और पीड़ा के समंदर में गोते लगाते मेरे पाठकों, आपसे मेरी विनम्र विनती है कि रिश्तों को बांधे रखें, डोर को थामे रखें, और मिठास को बनाए रखें ।

धन्यवाद ।।।

पुत्र के कलम से

सरोज महोबे, जो एक छोटे से गांव के सरकारी विद्यालय में अंग्रेजी की शिक्षिका है, ने अपने जीवन के अनुभवों और संघर्षों को शब्दों में इस प्रकार उतारा है मानो वो उन सारे पलों को जी रही हों। उनकी पुस्तक "THE WILD IN ME," उनके अंग्रेजी कविताओं का संग्रह है जिसका प्रकाशन जून 2021 में हुआ था। उन्होंने अपनी कविताओं का योगदान, "AMARAWATI POETIC PRISM," में, जो कि एक वार्षिक, International Multilingual Poetry Anthology", है, में लगातार तीन वर्षों से दिया। उनकी कविता "WOMEN WITS WISDOM" नामक काव्य संकलन, जो सिर्फ महिला कवियों के प्रोत्साहन हेतु था, में भी प्रकाशित हुआ था। जीवन के प्रत्येक मोड़ पर जो मुश्किलें आईं, उनका डटकर मुकाबला करने की प्रवृति रखने वाली इस शिक्षिका ने कभी अपनी हार नहीं मानी। 19 अक्टूबर 2020 में पति की कोविड-19 से मृत्यु, तत्पश्चात 6 नवंबर 2020 को पिता-तुल्य, अति स्नेही, ससुर के मृत्यु की घात को भी उन्होंने जीवन का दुर्भाग्यपूर्ण क्षण मानकर सहन कर लिया और अपने दोनों बच्चों का मार्गदर्शक और प्रेरणा बनकर एक नए जीवन की शुरुआत की, जिसमें उनका पूरा परिवार का स्नेह पूर्ण सहयोग की विशेष भूमिका थी। आज वह अपने सभी स्नेही जनों की आभारी हैं और उनका हार्दिक सम्मान करती हैं जिन्होंने मुश्किल घड़ियों में उनका साथ दिया और उन्हें सहारा दिया।
वह हम सबके लिए एक प्रेरणा स्रोत है।

- यशस्वी महोबे (पुत्र)

1. सपने

शाम ढलते ही तुम आ जाना,
मेरे घर के आंगन में,
छा जाना पूनम का चंदा,
बनकर, नील गगन में.....
धीरे-धीरे चढ़ते जाना,
आसमान की ऊंचाइयों में,
और बिखेरना अपनी चांदनी,
मेरे पुलकित तन मन पर.....
मैं निहारुंगी अपने आंगन से,
तुम्हारी सौंदर्य प्रतिमा को,
बाहुपाश में भर लूंगी मैं,
तुम्हारी कोमल किरणों को.....

मेरी बिखरी केशों को तुम,
सहलाना अपनी किरणों से,
कट जाएगी रात की बेला,
खोए रहेंगे सपनों में......
सूरज की पहली किरण जब,
स्पर्श करेगी मेरे तन को,
जाग पड़ुंगी मैं सपनों से
संजोउंगी तुम्हारे मीठी यादों को...

2. प्यार का एहसास

चंद लम्हें प्यारी सी, रात की
गुज़र जाती है पलों में,
मेरी, आपकी बांहों में बांहें डाले
तलाशती है उन पलों को,
दिन में हर धड़कन मेरी.....
खुलती है सुबह आंखें मेरी जब
ख्याल तुम्हारा ही आता है दिल में
खोजती है निगाह मेरी
चंचल होता है मन तुम्हारे दीदार को
धड़कता है तेज, दिल मेरा, इंतजार में.....
शुरू होता है दिन मेरा
तुम्हारी तस्वीर के दीदार से
ज्यों ही ढलता है दिन, शाम में,
बोझिल हो जाता है हर पल
तुम्हें पाने की चाह में मन.....
मिलन के पल दूर करते हैं सारे शिकवे
बाहों में तुम्हारे, मेरा यूं सिमट जाना
दो दिलों का एक हो जाना
अधरों का वह मधुर सा स्पर्श
बीतता जाता हर पल, पलों में
एक मीठा एहसास दिल को देकर...।

3. चाहत तुम्हारे लिए

सोचा था हमने, 'वो' सिर्फ मेरा होगा,
पर हमने पाया उन्हें टुकड़ों में बटा हुआ।
हक़ मुझसे ज्यादा औरों का है उन पर,
पर दिल पर उनके सिर्फ मेरा हक़ होगा।
खुशियां उनकी बंट जाने दो ज़माने में,
पर ग़म उनका सिर्फ मेरे हक़ में होगा।
ए खुदा! तू ज़िन्दगी दे ना दे मुझे उनके साथ,
पर चाहती हूं मौत मेरी उनकी पहलू में हो।
हाथ उनका हो सर पर मेरे, हरदम,
होंठ चूम ले मेरे माथे को।
ए खुदा! जब भी मौत दे तू मुझे,
मेरा सर उनके सीने पर हो।

4. न रुलाओ मुझे

तुम्हारी उन यादों को,
उन संग बिताये घड़ियों को सोच,
मैं परेशां हो जाती हूं,
यादें, जो आई थी अभी-अभी, पर.....
अपनी उन यादों से ज़रा कह दो,
तुम, हां तुम,
वो रुलाएं ना हमें,
हमारा ये रिश्ता था, प्रेम और
ज़ज़्बातों से भरा.......
सिर्फ तुम्हारी याद, आज,
अकेली चली आई....
तुम्हारी याद अभी-अभी नहीं थी,
लो अब आ गई तुम्हारी याद,
कितना सुहाना मौसम था..
पर लगा गई ग़म की आग.......
तुम्हारी याद !!!
खुशी के बादल को बरखा बना गई,
तुम्हारी याद !!!!!
न था ग़म कभी तुम्हारे संग,
न थी प्यास, न थी तपन,
थी बस सुहानी, शीतल, चांदनी रात....
कर गई स्याह, ले गई वो सुहानी चांदनी रात....
बस रह गई तुम्हारी याद ।
खोए थे हम नींद के आगोश में...
और झकझोर गई तुम्हारी मीठी सी याद ।

थे कहीं और, पर अब ले आई कहां??
तुम्हारे पास, तुम्हारी याद ।
थे आंचल की ओट में,
कहां से दर्द आ गए???
थे ज़मीं पर, ले आई आसमां पर....
तुम्हारी याद!!!
अब शेष है सिर्फ हम, सिर्फ हम....
और हमारे साथ, शेष है तुम्हारी यादें,
सिर्फ और सिर्फ तुम्हारी ही यादें ।।

5. तरसता मन

तपती धूप में मन,
एक पल को,
तरसा था,
बारिश की बूंदों के लिए ।
बादल घिरे भी....
पर बरसे बिना ही लौट गए ।
बेचैन मन,
कुछ पलों के लिए
तलाशता रहा उस छांव को,
राहत के लिए ।
रोया, तड़पा, बेचैन सा,
मन, भटकता रहा यादों में.....
निहारता रहा उस पथ को....
अपलक!!!
स्वप्न स्नेह में खोया मन,
चाहा था......
अपने आंचल में समेटना,
उन प्रेम बूंदों को!!
पर......????
वह मोती बन बिखर गए,
तुम्हारे कदमों तले
शायद ये पथ मेरा ना था
जहां मेरी मंजिल थी ।।।

6. तुम मेरे हो

यूं तो मेरे लिए,
तुम्हारा साथ
बेहद खूबसूरत होता है,
पर !!
पास हो तुम्हारे कोई तो,
तुम पर
भरोसा नहीं होता है ।
मेरा प्यार....
ख़ुदग़र्ज़ नहीं है,
बस.......
पास हो कोई तुम्हारे तो,
मुझे ईर्ष्या होता है ।
नजरें मेरी टिकी रहती है,
होठों पर तुम्हारे
उस पर मुस्कुराहट न हो....
तो बस दिल ज़ार-ज़ार होता है ।
हक़ तो मेरा भी है तुम पर,
सभी से थोड़ा ज़्यादा...
पर हक़ तुम किसी और को दे दो,
तो बस ......
दिल तार-तार हो रोता है।
कैसा है ये प्यार मेरा!?
तुम्हारे लिए,
तुम ही बता दो!!
दिल तुम पर नाराज़ हो जाने पर,

मजबूर होता है।
कहोगे तुम मुझे पागल, दीवानी...
कह लो तुम मुझे कुछ भी,
पर........
'प्यार' तो आखिर 'प्यार' ही होता है।।

7. उनका दर्द

आज उनकी आंखों की गहराइयों में,
मैंने देखा छलकता प्यार ।।
आज उनके दिल की गहराइयों में,
मैंने दर्द का सैलाब देखा ।।
ना छुपा सके वो दर्द अपना,
आंखें छलक आई उनकी ।।
छुपा के पलकों में अश्कों को,
अपना मुंह फेर लिया उसने ।।

8. काफ़िला यादों का

उदास है दिल मेरा आज फिर,
यादों के समंदर में डूबकर
कुछ बिसरे यादों के काफिले
मचल रहे हैं आज फिर ।।
वो तुम्हारी आंखों की गहराई
वो तुम्हारे मुस्कुराहट की दीवानगी
तुम्हारे धड़कते सीने में सर रखकर
खो जाने का मन है आज फिर ।।
कटती नहीं ये तन्हा-तन्हा सी ज़िन्दगी,
न जाने आज कोसों दूर है मुझसे खुशी,
खामोश रह जाऊं या हो जाऊं उदास
जाग रही है तुम्हें पाने की आस आज फिर।।
शायद ज़िन्दगी यूं ही तन्हा कट जाएगी
इंतज़ार भी आखिर कब तक दिल को बहलाएगी
उठते रहेंगे यूं ही जज़्बातों के शोले हर पल
खामोश जिन्दगी, थक कर टूट गई, आज फिर ।।

9. बिसरी यादें

तुम्हारा यूं बुलाना, बुला कर बातें करना,
मैं कैसे भूल जाऊं ।।
वो प्यार का इशारा, वो हाथों का स्पर्श,
मैं कैसे भूल जाऊं ।।
वो सीने पर झुकना, वो धड़कन की धक-धक,
मैं कैसे भूल जाऊं ।।
वो बाहों का जकड़न, वो अधरों का मिलना,
मैं कैसे भूल जाऊं ।।
वो मोहब्बत की बातें, वो चांदनी भरी रातें,
मैं कैसे भूल जाऊं ।।
तुमसे होकर जुदा, तन्हा सा ये दिन,
मैं कैसे भूल जाऊं ।।
तुम ही बताओ, वो एहसास, वो यादें
मैं कैसे भूल जाऊं ।।

10. प्रेम, एक पूजा

बड़ी मुद्दत से तमन्ना थी...
दिल में मेरे,
हाथों में ले लूं चेहरा तुम्हारा....
करीब से दीदार करूं,
आंखों में तुम्हारे....
खो जाऊं!!!
एक हसीन ख्वाब की तरह....
चुम लूं होठों से अपने,
लबों को तुम्हारे,
हौले से......
और कर दूं इज़हार,
अपनी मुहब्बत का, तुमसे !!
कह दूं, कि अब रहा नहीं जाता,
तुम बिन......
ले लो अपनी बाहों में मुझे,
तुम भींच लो....
कह देगी मेरी दास्तां
तुम्हें......
मेरे दिल की हर धड़कन ।।

11. यादों की लड़ियां

जो वक्त मैं और तुम साथ गुज़ारे,
उन्हें यादों में पिरो लेंगे।
फुर्सत के वक्त तुम्हें याद कर,
यूं ही हम रो लिया करेंगे ।
हंसना भी है जरूरी, तो महफिल में
यूं ही हंस लिया करेंगे ।
तनहाई में तुम्हारी तस्वीर से कुछ शिकवे,
यूं ही कर लिया करेंगे ।
यूं तो रूठना तुम्हें आता था,
हमसे कहीं बेहतर ।
पर रूठ कर भी हम ही
तुम्हें मना लिया करते थे ।
बाहों में तुम्हें भरकर ढेर सारा,
प्यार जो कर लिया करते थे ।
छोड़ गए तुम आज हमें,
अपनी यादों के सहारे ।
तुम्हारे प्यार के सहारे हम,
अपनी ज़िन्दगी यूं ही गुजार लिया करेंगे ।।

12. हादसे

खामोश लबों के पीछे ना जाने,
कितने तराने हैं, दर्द भरे।
पथराई आंखों में कितने फ़साने हैं,
बिखरे और टूटे हुए ।
कुंम्हलाती हैं आशा, हर हादसे के बाद,
माथे पर पड़ती है एक नई शिकन
हर फ़रेब के बाद।
किस कदर बेरुखी हो गई
ज़िन्दगी.....
ग़म श़रीक है हर कदम के साथ ।
और भी पथराता है दिल,
निगाहें...
घूरती है सूनी राहों को,
सपनों को तोड़ते हुए....
थकते नहीं हादसे, थकते नहीं हैं हादसे ।।

13. नज़्म जहां की

स्वार्थ भरी इस दुनिया में,
खुद को जलाना आसां है ।
पर प्यार पनपता जो दिल में,
लोगों पर जताना मुश्किल है ।।
ग़ैरों के सितम का क्या कहिए,
बस चोट लगी दिल टूट गया ।
जो अपनों से है दर्द मिला,
उस ग़म को भुलाना मुश्किल है ।।
पतझड़ में उजड़े बाग चमन,
बरखा ने उसे फिर सींच दिया ।
पर माली ने जो बाग उजाड़े,
उसे फिर से खिलाना मुश्किल है ।।
लूटी जिसने मेरे प्यार की दुनिया,
वह ग़ैर नहीं अपना है कोई ।
इस राज़ को ग़ैरों से तो क्या,
ख़ुद को भी बताना मुश्किल है ।
जो अपना था वो अपना ना हुआ,
जो ग़ैर थे सब कुछ लूट गए ।
अब दिल का कोई है न सहारा,
दिल को समझाना मुश्किल है ।।
कुछ ऐसे फ़साने होते हैं,
जो सबसे छुपाए जाते हैं ।
पर तुम्हारे प्यार को अब,
दुनिया से छुपाना मुश्किल है ।।

रह-रह कर मेरी आंखों में,
तुम्हारी तस्वीर उभर्ती है ।
पलकों से बहते आंसू को,
अब रोक पाना मुश्किल है ।।
कुछ पल अब साथ में जीना है,
फिर हमको जुदा हो जाना है ।
यह राज़ एक ऐसा राज़ है,
जिसको झूठलाना मुश्किल है ।।
होके जुदा अब हम तुमसे,
क्या इस दुनिया में जी पाएंगे ??
दुनिया को इस दर्द का,
एहसास कराना, मेरे लिए, अब मुश्किल है ।।

14. तुम्हारे बिना

यूं कटता नहीं ये बोझिल वक्त तुम्हारे बिना,
तुम्हारे बग़ैर, कुछ अच्छा नहीं लगता ।
वक्त थम सा जाता है तुम्हारे इंतज़ार में,
मौन के सिवा फिर कुछ अच्छा नहीं लगता ।
चाहने वाले होंगे तुम्हें हज़ारों, ज़माने में,
पर तुम्हें चाहे बग़ैर कुछ अच्छा नहीं लगता ।
कहने को तो सब कुछ है मेरे दामन में,
पर तुम्हारा साथ ना हो तो कुछ अच्छा नहीं लगता ।
ना चाहते हुए भी आ जाती है शिकन माथे पर,
पर तुम्हारे साथ मुस्कुराए बग़ैर कुछ अच्छा नहीं लगता ।
हजारों खुशियां हैं इस जहां में मेरे लिए,
पर तुम्हारे प्यार के बग़ैर कुछ अच्छा नहीं लगता ।

15. इंतज़ार

जब भी तुम्हारे आने की बात होती है,
पल-पल यूं लगता है
जैसे सदियां !!
वक्त सरकता नहीं,
थम जाता है,
तुम्हारे आते ही.....
खुशियां मानो फूट पड़ती है,
दिल से....
आंसू छलक जाते हैं,
खुशी के,
जी करता है निहारती रहूं
तुमको एक टक,
कैद कर लूं,
तुमको अपने दिल में......
हमेशा के लिए ।।
बन जाओ तुम एक तस्वीर,
एक कशिश, एक खुशी, एक तड़प,
समा जाओ पलकों में,
मेरी तन्हाईयों में मुझसे बातें
करो, तुम....
और महसूस कर सकूं
मैं खुद को...
तुम्हारे आगोश में ।।
सीने में तुम्हारे,
मेरा सर हो,

तुम्हारी हर धड़कन को
मैं सुन सकूं,
जो मेरे लिए धड़कता है,
तुम्हारे दिल में ।।
उस तड़प को
मैं भी जान सकूं,
कर सकूं महसूस मैं,
जो हमारे लिए है ।।
जान सकूं मैं भी,
तुम्हारी अधीरता,
मेरे प्रेमपाश के लिए ??
क्या तुम्हारा भी दिल रोता है,
मेरे दिल की तरह ???
क्या अश्रु,
तुम्हारी भी आंखों से बहते हैं ??
हमसे बिछड़ना,
उतना ही अधीर कर देता है,
जितना कि मुझे ??
क्या तुम्हारा प्रेम उतना ही गहरा है,
जिसमें मैं और सिर्फ मैं हूं ।।

16. दिल में सिर्फ तुम हो

तुम्हारी तस्वीर को हमने दिल में
छुपा कर रखा है,
जब से अपने आप को तुम्हारी
आंखों में देखा है ।
प्यार से निहारती वो मासूम
झील सी दो आंखें,
न जाने कितने सपने सजाए हैं,
तुमने, बंद पलकों में ।
चाहत है मेरी, उन ख़्वाबों को
अपनी नज़रों से देखना,
उन्हें जानना, उनकी कशिश को,
महसूस करना ।
उनके बिखरने से पहले, उनके
पंखों में रंग भरना,
जी चाहता है तुम्हें संग, बांहों
में ले के चलना ।
जहां तुम्हारे सपनों को मिलेगा
आसमानी उड़ान,
रखूंगी तुम्हें अपने पलकों
में बंद ।
दुनिया की नज़रों से दूर
इक ऐसी दुनिया में
जहां तुम होगे, मैं तुम्हारे संग,
और साकार होंगे, हमारे
सपनों के हर रंग ।।।

17. आंसू

आंसू मन की बातें हैं,
खट्टी मीठी यादें हैं ।
आंसू तन की पीड़ा है,
मन की अपूर्ण अभिलाषा है।
आंसू मां की ममता है,
वात्सल्य भरा अनुराग है ।
आंसू प्रियतम का प्रेम है,
कभी आनंद कभी शोक है ।
आंसू पिता का स्नेह है,
भाई बहन की प्रीति है ।
आंसू स्वप्न परिपूर्ण है,
कभी टूटा हुआ, कभी अपूर्ण है ।
आंसू खुशी से प्रोत है,
व्यथित मन का जल-स्रोत है ।
पाया मन ने, खोया मन ने,
आंसू मन का जलता ज्योत है ।।

18. दर्द का नशा

दर्द सहने का नशा सा होने लगा है हमें,
हर नए ज़ख्म से दर्द कुछ कम होने लगा है ।
दिल टूटने का ग़म नहीं है अब हमें,
टूटा दिल और ज़ार-ज़ार होने लगा है ।
मर रही है इंसानियत हर पल अब हममें,
शैतानियत का बोलबाला होने लगा है ।
औरों का ग़म भी गंवारा न था कभी हमें,
खुद के ग़म पे अब तो दिल हंसने लगा है ।
गुलों गुलशन की ख्वाहिश थी कभी हमें,
कदम अब कांटो पर चलने लगा है ।
हर खुशी, हर ग़म, तेरा, याद है हमें,
बेचैन रूह तेरे दीदार को मचलने लगा है ।
जुदा करके हम दोनों को एक दूजे से यूं,
अब तो ख़ुदा भी ग़म से बेचैन होने लगा है ।।

19. मेरी नज़र

मुझे किसी का उम्र पढ़ना नहीं आता, बस....
आंखों का दर्द और चेहरे का सुकून पढ़ लेती हूं ।
हो किसी को किसी से इश्क़ तो, आंखों की चमक में
छलकते जज़्बातों को, एहसासों को पढ़ लेती हूं।
मुझे किसी का उम्र पढ़ना नहीं आता, बस....
आंखों का दर्द और चेहरे को सुकून पढ़ लेती हूं ।
रश्क भरे हों दिल में तो चेहरा तमतमाया होता है,
न जाने कैसे-कैसे ख़्यालों में डूबे लोगों का चेहरा पढ़ लेती हूं ।
मुझे किसी का उम्र पढ़ना नहीं आता, बस....
आंखों का दर्द और चेहरे का सुकून पढ़ लेती हूं ।
कोई कह दे ज़ुबां से ग़र मोहब्बत है तुमसे,
तो उन फ़रेब अल्फ़ाजों को बेशक़ पढ़ लेती हूं।
मुझे किसी का उम्र पढ़ना नहीं आता, बस....
आंखों का दर्द और चेहरा का सुकून पढ़ लेती हूं ।
न जाने लोग झूठे वादे करके कैसे जी लेते हैं,
उनकी झुकी नज़रों से दिल के ख़्यालात् पढ़ लेती हूं ।
मुझे किसी का उम्र पढ़ना नहीं आता, बस....
आंखों का दर्द और चेहरे का सुकून पढ़ लेती हूं ।
दिखावे की इस जहां में लोग फ़रेब का महल बना लेते हैं,
उस महल के ढह जाने का वक्त्, अमूमन पढ़ लेती हूं ।
मुझे किसी का उम्र पढ़ना नहीं आता, बस....
आंखों का दर्द और चेहरा का सुकून पढ़ लेती हूं ।
तारीफ़ों के पुल हो या तानों के खंज़र हों,
ज़ुबान लड़खड़ाते ही दिल का हाल पढ़ लेती हूं ।
मुझे किसी का उम्र पढ़ना नहीं आता, बस....

आंखों का दर्द और चेहरे का सुकून पढ़ लेती हूं।

20. मेरा लाल

जब छोड़ आई थी तुझे, अपने से दूर.......
कुछ अनजान साथियों के बीच,
न जाने उस दिन अंदर से टूट गई,
आज तक उन टूटे टुकड़ों को संजो रही हूं,
एक-एक पल, मानो माला में पिरो रही हूं
हर वो रात, जब रात की खामोशियों ने
मुझे झकझोर कर रख दिया, तेरी यादों से,
पल भर को भी आंसू न थमे,
भोर तलक सिसकियां तोड़ रही थी,
खामोश सुनेपन को..
लगा मेरा मन तार-तार हो रहा दर्द से,
कहां तुझे ढूंढूं, कहां छूट गया था तू,
कहां से लाकर सीने से लगा लूं तुझे,
तड़प कर रह जाती, बेबस सी निहारती
खामोश सुने दीवार पर,
टंगी तुम्हारी तस्वीर,
वो मासूम सा तुम्हारा चेहरा,
वो घबराई सी नज़रें,
मानो ढूंढ रही हो मुझे,
गूंज उठता पूरा कमरा,
तुम्हारी किलकारीयों से,
वो 'मम्मी' कहकर बाहों में समेट लेना मुझे,
वो तुम्हारी छोटी-छोटी बातों पर झगड़ना,
और फिर 'सॉरी' वाला पत्र लिखकर देना,
वो हर अवसर पर स्नेह से 'कार्ड' बनाना,

न जाने अनगिनत यादें,
एक-एक कर रुलाती जाती,
सारी रात यूं ही सिसकियां गूंजती रहती,
कानों में, अविरल बहते रहते आंसू यूं ही......

21. स्त्री

वे आते हैं सभी दिशाओं से,
स्त्री की सतह तोड़
प्रकृति के
पंच महाभूतों से जन्म लेते हैं
वे आते हैं
स्त्री के पास, स्त्री का फल बटोरने
उठाते हैं पत्थर
करते हैं स्त्री का मस्तक लहूलुहान
चढ़ते हैं स्त्री सिर पर
झकझोरते हैं स्त्री केश
रौंदते हैं स्त्री का कोमल हरे पत्तों सा देह
वे खुश हो चलाते हैं
मुलायम रसदार फलों को पा लेने की खुशी में
उन्हें नहीं होता दुख
स्त्री की आत्मा का छिलका उतर जाने का....
वे शामिल नहीं होते
अंधकार से जूझते बीज के उगने
और अंकुरित हो फूट पड़ने की खुशी में
स्त्री के साथ नहीं झेलते देह पर
पुरुषत्व के निजी अहंकार, पुरुष बलात् का प्रकोप
रात के किसी शांत प्रहर में
नहीं सुनाई देता उन्हें स्त्री का अंतर रुदन
नहीं देते वे शोकार्त स्त्री के होले-होले हिलती पीठ पर
सांत्वना भरी थपकियां !!!
वे आते हैं स्त्री के पास

सिर्फ स्त्री के फल बटोरने ।।।

22. मृत्यु की ओर

व्याकुल मन मेरा,
अशांत चित्त को है करता,
अनगिनत स्मरण रह-रहकर
हृदय को है कचोटता,
मृत्यु शैया पर,
मृत्यु के लिए पुकारता, परमात्मा को,
चीखें क्रंदन की,
है चीरता कर्ण पटल को मेरा,
मन की वेदना, तन की वेदना,
न सुनता कोई है,
हे! विधाता तू है कहां?
किस लोक में है वास तेरा !!??
तेरा दिया यह तन
अब संभलता नहीं है मुझसे,
लड़खड़ाते पांव कभी
कंपकपाते ये दो हाथ मेरे,
जोड़कर इन करों को,
हे ! विधाता, पुकारती हूं तुझे मैं,
नितांत अकेला मन मेरा
खोजता चहुं ओर तुझे है,
गूंजता मेरा रुदन,
लिपटकर दीवारों से बेबस सा,
हे ! विधाता,
तू मेरा कुछ खबर लेता नहीं क्यों !!??
बचें हैं दिन कितने मेरे,

घड़ियां है कितनी बाकी, इस लोक में ??
क्यों सताता है मुझे तू,
पल-पल, असहाय सा तन मेरा,
मन भी अब हो चुका बूढ़ा मेरा,
कब बुलाएगा मुझे तू उस लोक में ??!!
(माँ की वेदना)

23. तस्वीरें - यादों का समंदर

वो उनका घर की चारदीवारी में,
नितांत अकेला बैठना और हाथों में लिए....
पुरानी तस्वीरों को उलट-पलट कर,
यादों के समंदर में खुशियां तलाशना ।।
कभी बूंद भर आंसू भर आते हैं उनके कोरों पर,
कभी मुस्कुराहट में अधर हिल जाते होले से....
आंखों की चमक में पीड़ा अनंत लिए,
तेज होती सांसे बयां कर जाती तड़प उनकी।।
तस्वीरों पर फेरता उंगलियों को, मानो,
स्नेह से सहला रहा हो अपनी 'परी' की गालों को......
एक टकटकी सी बंध जाती तस्वीरों पर,
मानो 'रानी बिटिया' अब बोल ही पड़ेगी !!
एक आह से निकलती, बचपन की कोई तस्वीर,
एकाएक आ जाती, नज़रों में जब ।
खो जाता, बातें करता, पुरानी यादों को संजोता,
वो भाइयों का स्नेह, वो बहन की राखी कलाई पर ।।
मां का प्यार-दुलार, पिता की स्नेहमयी नाराज़गी,
मित्रों का प्रेम, बचपन की वो निष्कपट शरारतें।
वो केरियों का चुराना, बेर के कांटों का चुभना,
न जाने कितनी यादें, कितनी बातें भूले-बिसरे।।
वो स्कूल में पिटना,
और कभी सराहा जाना,
वो भाइयों को मार से बचाना,
बहन को पीछे छुपा लेना ।

वो एक दूसरे को सीने से लगा लेना,
आंसू पोंछना,
वो यादें आज अविरल
बह रही है फूट-फूट कर ।।

24. जीने की लालसा

वह जीना चाहता था, अपने सपनों को पाना
चाहता था ।
न जाने कितने टूटे, पर वह निरंतर संजोता गया,
बहुत दुख उठाए थे हर कदम पर, उसने
कभी उपेक्षा, कभी अवहेलना, कभी उलाहना,
अंतहीन पीड़ा.........
न जाने कितने तीरों से घायल हुआ था वह ??
अपनी नन्हीं सी परी से दूर रहने की वेदना!!
अपनी ही पीड़ाओं से जूझता रहा वह,
हर पल.......
अनकहे शब्द, अव्यक्त स्नेह,
कोरों पर असहाय अश्रु की बूंदे .....
छिपाता चल पड़ता
अपने जीवन पथ पर निरंतर,
छिपकर स्नेह जताना, वो नज़रें फेर कर,
उनका मुस्कुराना
अपनी संवेदनाओं को कभी बाहर ना आने देता ।
सभी से स्नेह, सभी का आदर,
यही उसका जीवन था,
सपने टूटते तो फिर संजोता,
हार कर भी संघर्ष कर लेता,
जीना चाहता था वह हर पल,
एक मुस्कान के साथ,
हर पीड़ा को दिल में छुपाए
बदहवास सा जूझता रहता,

स्वयं से.........
ढांढस बंधाता स्वयं को,
कहता, वो पल भी आएंगी
मेरे दामन में खुशियां भी आएंगी,
मेरी नन्ही-सी परी भी
मेरे आंगन आएगी,
कितनी आशा थी, कितना निश्चल स्नेह था!!
थक गया था दूर रहकर,
अपने जीवनसंगिनी से,
हर पल दूरियां खलती थी,
दौड़ कर चला जाता,
तन और मन की पीड़ाओं से बेखबर,
अपनी उस छोटी सी दुनिया में
स्नेह बटोरने!!
थक गया था आपने संघर्षों से,
अपनी पीड़ाओं से,
नितांत अकेला.....
पर जीना चाहता था, वह सब के साथ,
एक छोटी सी स्नेहमयी दुनिया में !!!
जीने की आस में भूल गया था खुद को,
सपनों के पीछे भागता रहा,
अपनों को पाने की चाहत में,
देना चाहता था सुख अपनों को,
और..........
स्वयं चला गया,
उस अंतहीन स शून्य में.......
मिट गए सारे दर्द,
सपने अधूरे छोड़ गया...
कुछ अव्यक्त पीड़ा,

कुछ अनकही बातें,
नयनों में बंद अश्रु बूंदें !!!
साथ ले गया......
वह चिर निद्रा में विलीन हो गया,
वह चिर निद्रा में विलीन हो गया !!!
(हम सब के प्रिय विनोद भैया को समर्पित)

25. मां

एक मां ही होती है हम सब की,
जिनके रहते हमारे जीवन में,
कभी कोई दुःख नहीं होता,
न ही उनके स्नेह और ममता में,
किसी प्रकार का कोई दिखावा होता,
दिन रात हमारे सुख के लिए,
जो मुश्किलों से जूझती रहती है हमेशा,
मैंने उस मां के चेहरे पर कभी थकावट नहीं देखा,
हां, मैंने उस मां के चेहरे पर,
कभी थकावट नहीं देखा।
जो पीकर घूंट भी हर दर्द का,
कभी शिकन नहीं लाती थी अपने चेहरे पर,
उसी मां को आज मैंने अपने औलाद के लिए तड़पते देखा,
हां, उसी मां को आज मैंने,
अपने औलाद के लिए तड़पते देखा।
जिसने पूरी ज़िन्दगी बिता दी,
परिवार का,
तिनका - तिनका जोड़ने के लिए,
आज उसी मां को मैंने तन्हा रोते हुए देखा,
हां, आज उसी मां को मैंने तन्हा रोते हुए देखा।
जो कभी छुप जाया करते थे,
अपनी मां की आंचल में दुनिया के डर से,
जिन्हें मां हमेशा सुरक्षित छुपा लेती थी,
अपने दामन में,
आज उन्हीं औलादों को मां की आंचल को

तार-तार करते देखा,
हां, आज उन्हीं औलादों को मैंने मां के आंचल को
तार - तार करते हुए देखा।
मां तो स्नेह और ममता की मूरत है,
उनका प्यार ही तुम्हारा जीवन आधार है,
कर लो जी भर के उनसे प्यार,
क्योंकि उन्हें भी तो तुम्हारे साथ,
वही निश्छल स्नेह के साथ जीने का है पूरा अधिकार,
हां, उन्हें भी तो तुम्हारे साथ जीने का है पूरा अधिकार।।।।।
(माँ को समर्पित)

26. अनकहे शब्दों की पीड़ा

कहना चाहा था तुमने बहुत कुछ शायद,
पर कह ना पाए, शब्द होठों के पीछे रह गए।।
कुछ दबी सी, अनकही सी, प्रेम की बातें,
मन के किसी कोने में ठहर कर रह गई थी।।
कुछ बातें, शायद आई थीं, होठों तक तुम्हारे,
पर चाहकर वो बाहर आ न पाई, रह गई ।।
भावनाओं की कुलबुलाहट, शब्दों में मची थी खलबली,
न जाने वह क्या थी, जिसने शांत कर, सबकुछ रोक ली ।।
मैंने देखा था, तुम्हारे कोरों पर, वो सपनों का सूनापन,
वो जीने की जद्दोजहद, वह असीम दर्द, वो खालीपन ।।
वो क्या थी जो तुम्हें इस मजबूर मोड़ पर ले आई,
क्यों जीने की तुम्हारी चाहत को पीछे धकेल आई ।।
वो संघर्ष, वो दर्द, हर पल तुम पर मौत का घिनौना कहर,
आखिर ज़िंदगी हार गई इक मोड़ पर, चले गए तुम हमें छोड़ कर
।।

27. तुम्हारा चले जाना

आज तुम हमसे न जाने कितने दूर चले गए,
न जाने आसमां के किस छोर में खो गए,
छा गए यादों की इंद्रधनुषी रंगों के बीच,
छुप गए बूंद से मोती बनकर सीप के बीच,
हर पल यादों की सुगंध बन बिखरते रहते हो,
कभी बादलों के बीच बिजली बन चमकते रहते हो,
हर क्षण मेरे मन मंदिर में तुम ही तुम बसते रहते हो ।।
जब तुम थे, साथ मेरे, सपनों की एक दुनिया थी,
तुम चले गए, सपने सारे साथ लेकर अपने, जाने कहां??
टूटे सपने, बिखरे सपने, खोए सपने, हर पल बुनती हूं,
बुनकर सपनों को, कुछ पल तुम्हारे साथ, यूं ही जीती हूं,
जीवन का यह सूनापन, तुम्हारी याद लिए पलकों में, सोती हूं,
हर प्रहर सपनों में, तुम्हारे साथ होती हूं, फिर बिछड़ती हूं,
जागे हुए क्षणों में, तुम्हें पागल-सी ढूंढा करती हूं,
दिल करता है, इस जहां को लांघकर तुम तक आ जाऊं,
इस जहां के साथ बंधन तोड़ कर तुम्हारी दुनिया में खो जाऊं,
हम फिर से साथ होंगे, उस जहां में, कभी ना कभी,
आस है, विश्वास है, तुम भी रीता मन लिए, होगे कहीं,
यादें तुम्हारे दिल में भी कुछ ऐसी वेदना लिए होगी,
'जहां' कोई भी हो, आत्मा तो कभी भूलने नहीं देती,
मैं यहां हूं, तुम वहां हो, पर अब ये दूरी जीने नहीं देती ।।

28. तुम्हारे संग मीठी यादें

बरसात की रात थी और तुम थे,
मंद-मंद शीतल बासंती हवा थी ।
मौसम भी कुछ-कुछ रोमानी था,
उस रात तुम और हम साथ थे ।।
आसमान बादलों से गरज रहे थे,
और बरसात झूम-झूम कर बरस रहे थे ।
हल्की-हल्की बूंदे चेहरे पर छिटक रही थी,
हम प्रेम की बारिश में यूं भीग रहे थे ।।
वो ख़्वाबों सी, जहां दिख रही थी,
दिल में अरमान कुछ-कुछ मचल रहे थे ।
तुम्हारी नज़रें हम पर आकर थम गई थी,
प्रेम की असीम प्यास दिल में जग रही थी ।।
तुम्हारी बाहों का घेरा, और सांसे गर्म थी,
मोम सी ज़ज़्बातें यूं ही पिघल रही थी ।
हमारे दरमियां सिर्फ गर्म सांसे थी,
चंदन पर, सर्प सी लिपटी, हमारी बाहें थी।।
न अधरों पर शब्द थे, न शिकायत थी,
अंधेरे में बस दो जिस्म और एक जान थी ।
फूल गुलाब के खिलकर महक रहे थे ,
उस रात हम और तुम प्रेम की बारिश में भीग रहे थे ।।

29. तुम मीरा मैं गिरधर प्यारा

तुम मीरा हो कृष्ण प्रेम मयी, मैं तुम्हारा गिरधर प्यारा,
तुम ही हो राधा मेरी, मैं गोपाल तुम्हारा ब्रजवाला।।
तुम ही हो मेरी बांसुरी, अधरों पर मेरी टिकी हुई,
तुमसे ही निकलती प्रेम धुन, प्रेम गीत यह है तुम्हारा।।
तुम ही मेरी 'सीता', 'शबरी', तुम्हारे लिए मैं राम बना,
तुम ही मेरी 'रुकमणी', 'ललिता', तुम्हारे लिए मैं श्याम बना।।
बन रमा तुम, मेरा चरण दबाती, अति सुख पाती,
मैं विष्णु बन, स्मृतियों में तुम्हारी खोया रहूं।।
तुम नयन हो गोपियों के, गोपियां तुम्हारी ब्रज- बाला,
मैं तुम्हारी अविरल, निश्छल, बहती प्रेम मयी अश्रु की धारा।।
तुम हो ह्रदय राधा का, अनंत दु:ख-शूल रुदन लिए,
मैं कृष्ण उसमें बहता हूं, बन प्रेम-भजन तुम्हारा।।
तुम मीरा हो मेरी, कृष्णमयी, मन की अति भोली,
मैं गिरधर-गोपाल तुम्हारा, तन मन है मेरा "मीरा प्रेम मयी"।।

30. बीत गया एक वर्ष

एक पूरा वर्ष यूं ही बीत गया,
पलकें बिछाये तुम्हारे इंतजार में,
तुम्हारी निकटता आज भी बोल पड़ती है,
मानो मुलायम झोंकों ने आहिस्ता से छू लिया हो,
मन के किसी कोने को, भर दिया हो पलकों को,
तुम्हारी उपस्थिति की आदत, अब हर पल एक सूनापन,
तुमसे मीलों दूर, उजड़ा हुआ एक पृथक संसार,
जहां हमारा अर्ध-गुथा प्रेम, अर्ध-मन से बिछोह,
अधखिली हंसी और अपूर्ण स्वप्न विलीन हैं,
याद है ???
वो रेस्तरां !!!आज भी हमारा इंतजार कर रही है,
जिनकी खाली पड़ी कुर्सियां बाट जोहती हैं, हम दो प्रेमियों का, जो भर देते थे कभी,
उस सूनेपन को अपनी खिलखिलाती हंसी से,
आज वहां अजब सा सन्नाटा है, खालीपन है,
स्मृतियां रह-रह कर आती-जाती रहती हैं, दीवारों ने मानो मूंद लिया है अपनी पलकों को, दुष्टता से भरी इस संसार के रीतियों से ।।

www.ingramcontent.com/pod-product-compliance
Lightning Source LLC
LaVergne TN
LVHW010620070526
838199LV00063BA/5210
9798885038966